KB203329

밀교도상 연구 II

(明王과 天神)

한국밀교
문화총서 27

밀교도상 연구 II

(明王과 天神)

대한불교진각종
한국밀교문화총람사업단

간행사

한국밀교문화총람 진언분과에서는 밀교의 핵심이라고 할 수 있는 진호국가와 문두루법, 금강계만다라삼십칠존연구, 밀교도상연구와 같은 역사적인 사업을 연구하고 정리하였다.

먼저 진호국가와 문두루법은 국가수호를 위한 기도법으로 중국에서 이루어진 치병목적의 문두루법과 다르다는 것을 밝히기 위한 것이다. 특히 문두루법의 행법을 관련 경전을 근간으로 복원하고, 시연까지 진행하였다. 이것은 우리나라 불교사에서 신라시대이래 고려시대를 거쳐서 조선초기까지 작행되었던 것을 복원하였다는데 의미를 가지고 있다. 호마의 기도원리 중에서 식재와 항복의 의미를 가진 문두루기도법의 복원과 시연은 한국밀교의 역사에서 매우 뜻 깊은 일이다.

다음으로 금강계만다라삼십칠존연구는 우주적 원리를 형상과 문자와 상징을 통해서 구현한 것으로 불보살과 일체화를 이루는 관정, 그들의 행위를 역동적인 행법으로 구현한 염송차제를 밝히기 위한 연구이다. 여기서는 만다라의 제존상을 도화하여 존상의 활용영역을 높였으며, 금강계만다라 삼십칠존을 조성하여 도록화 함으로써 한국에서 유래를 찾아 볼 수 없는 존상의 다양화와 입체적 도록을 완성하게 되었다.

밀교도상연구는 직접 도화한 존형과 삼매야형을 불과 보살, 천신과 명왕으로 분류하여 도록을 완성하였다.

그 중에서 밀교도상연구는 신수대장경 도상부를 근간으로 불화를 전공한 연구원들이 직접 도화하였다.

도상부 전체를 도화하는 것을 목표로 연구를 진행하였으나 여러모로 사정이 여의치 않아 중간에 도화를 종료하였고, 그 일부의 도화자료들은 밀교문화전시관에 전시되어 있다. 채색을 하지 않고, 섬세한 선만으로 도화된 이 작품들은 앞으로 다양한 분야에 활용될 것이며, 문화적 가치를 가지게 될 것이다.

그것은 단순히 도화의 인용이 아닌 직접 연구원들의 능력에 따라서 도화된 개성적 작품이기 때문이다.

  그리고 저본에 보이지 않는 부분들은 연구원들의 통찰력과 사고력으로 보완하였으며, 많은 연구원들이 동원되었기 때문에 개개의 도상마다 개성을 가지고 있다.

  금번 발간되는 밀교도상연구는 많은 도상가운데 선별하여 불·보살편과 명왕·천신편의 2권으로 나누어 편찬하였다.

  끝으로 연구를 담당한 허일범교수와 도화를 맞아준 황지오연구원에게 감사의 뜻을 전한다.

  2019년 4월 30일
  회성 김봉갑

머리말

만다라를 구성하는 요소 중에서 불과 보살, 그리고 명왕과 천신들은 매우 중요한 역할을 담당한다. 이 존격들은 만다라의 성격을 규정하는 결정적인 역할을 하고, 불보살의 교설을 표상화하는 방편이 된다. 만다라에서 불은 불도의 체가 되어 보살들과 명왕이 활동할 수 있는 원동력을 제공한다. 그 힘은 보살과 명왕의 자비와 지혜로써 중생들을 만다라의 세계로 섭입한다. 그리고 천신은 대부분 만다라를 수호하는 수호존의 역할을 한다.

그들의 형상이나 지물, 종자 등은 시각적으로 불보살을 접할 수 있게 하는 표현방식이다. 그들의 형상과 활동상은 수행의 길잡이가 되며, 실지성취의 직로를 제시한다.

흔히 경전이라고 하면 이해하기 어려운 교리나 엄격한 계율 등을 담고 있는 것으로 생각하기 쉽다. 그러나 중기, 후기불교시대에 이르면 다양한 의식이나 수행방법이 등장한다. 여기서 주목해야할 것은 시각, 청각 등의 감각기관까지도 총동원하여 중생들의 실지를 성취시키려고 했던 밀교적 경전들의 등장이다. 이와 같은 시대적 흐름 속에서 다양한 존격과 만다라가 나타난다.

여기서 만다라를 구성하는 불보살과 명왕, 천신들은 집단을 구성할 때 부족적 개념으로 전개되었다. 그것은 수 많은 경전들 속에서 나름대로의 역할을 담당하고 있던 제존들이 어떤 하나의 밀교적 성격을 띤 경전이 성립함에 따라서 집단을 형성하게 된 것이다.

이와 같이 불교경전에서 불보살과 명왕, 천신들이 부족집단을 형성하게 된 것은 경전의 전개과정에서 나타난 필연적인 현상이다.

그리고 이들 부족들은 구심점이 되는 부주를 중심으로 하여 집단을 이루게 되었다. 여기서 부주들은 부족의 수장이 되어 부족원들을 통솔하며, 각각의 서원을 취합하여 만다라 전체의 성격에 맞도록 활동한다. 예를 들면 관음의 부족들은 관세음보살의 자비, 금강수보살은 지혜의 서원을 나타낸다. 또한 그들은 만다라 전체가 의미하는 진리의 세계를 표상화하는 역할을 하게 되었다.

금번에 편찬되는 밀교도상연구는 밀교의 경전들과 만다라에 등장하는 제존들을 도상화하고, 분류하여 도록으로 편찬한 것이다. 이 도록에는 많은 작품들이 수록되어 있으며, 그것은 어느 나라의 불교계에서도 그 유래를 찾아 볼 수 없는 것이다.

　앞으로 도록을 활용한 많은 연구가 이루어지기를 바라며, 문화적 사업에 널리 활용되기를 기대한다.

밀교도상 연구 II·明王과 天神

明王

강(항)염마존降閻魔尊

공작명왕孔雀明王

군다리軍茶利(일면팔비상一面八臂像)

군다리軍茶利

군다리軍荼利

군다리軍茶利

군다리금강軍茶利金剛

군다리금강인軍茶利金剛印

군다리, 6시자軍茶利, 六侍者

군다리명 왕軍茶利明王

금강군다리金剛軍茶利

금강명왕金剛明王

대륜大輪

대륜명왕大輪明王

대성덕大成德

대성덕大成德

대성덕大成德

대성덕大成德

대성덕명왕大成德明王

대소명왕大笑明王

대운명왕大云明王

대원大元

대위덕大威德(육면육비육족상六面六臂六足像)

대위덕大威德(육면육비육족상六面六臂六足像)

대위덕大威德

대위덕만다라大威德曼茶羅

대위덕명왕大威德明王

대호명왕大護明王

마두명왕馬頭明王

마두명왕馬頭明王

무능승無能勝

무능승명왕無能勝明王

보척명왕步擲明王

보척명왕步擲明王

부동不動(사면사비이족상四面四臂二足像)

부동不動(사면육비상四面六臂像)

부동不動(삼존하상三尊下像)

부동不動(사면사비사족상四面四臂四足像)

부동不動

부동不動(일면사비상一面四臂像)

부동不動(일면육비육족상一面六臂六足像)

부동不動(입상立像)

부동不動(좌지검좌연화左持劍坐蓮花)

부동不動(좌지저우보좌연화不動(左持杵右寶坐蓮花)

부동不動

부동不動

부동不動

부동不動

부동不動

부동不動
부동不動

부동不動

부동不動

부동不動

부동不動

부동금강不動金剛

부동만다라 不動曼茶羅

부동만다라不動曼茶羅

부동만다라不動曼茶羅

부동명왕不動明王

부동명왕不動明王

부동명왕不動明王

부동명왕不動明王

부동명왕不動明王

부동인不動印

부동인不動印

부동존不動尊
부동존不動尊

부동존不動尊

부동팔대동자不動八大童子

애염만다라愛染曼茶羅

애염명왕愛染明王

애염명왕愛染明王

애염왕愛染王

애염왕愛染王 (사면사비 상四面四臂像)

애염왕愛染王

애염왕愛染王

애염왕愛染王(일면이비상一面二臂像)

애염왕愛染王

애염왕愛染王

애염왕愛染王

애염왕愛染王

애염왕愛染王

애염왕愛染王

애염왕만다라愛染王曼茶羅

애염왕만다라愛染王曼茶羅

오대력五大力

오대력五大力

오대력五大力

오대력五大力

오대력五大力

오대명왕五大明王

오추사마烏蒭沙摩

오추사마烏蒭沙摩

오추사마명왕烏蒭沙摩明王
오추사마명왕烏蒭沙摩明王

오추사마명왕烏蒭沙摩明王

오추사마명왕烏蒭沙摩明王

오추사마명왕烏芻沙摩明王
오추사마명왕烏芻沙摩明王

오추슬마명왕烏芻瑟摩明王

청군다리青軍茶利

청정명왕清淨明王

태원명왕대사어필도太元明王大師御筆圖(석가문원본釋迦文院本)

태원명왕사면팔비상太元明王四面八臂像(석가문원본釋迦文院本)

태원명왕사비상太元明王四臂像(석가문원본釋迦文院本)

태원명왕십팔면삼십육비상太元明王十八面三十六臂像(석가문원본釋迦文院本)

항삼세降三世(만다라중존曼茶羅中尊)

항삼세降三世(사면팔비상四面八臂像)

항삼세降三世(사면팔비상四面八臂像)

항삼세降三世(사면팔비상四面八臂像)

항삼세降三世(이비상二臂像)

항삼세降三世(일면사비상一面四臂像)

항삼세降三世

항삼세降三世

항삼세降三世

항삼세降三世

항삼세降三世

항삼세降三世
항삼세명왕降三世明王

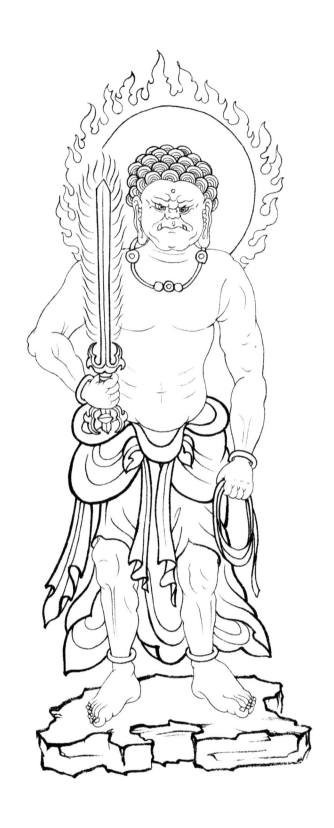

황부동黃不動

天神

가로나파나천중迦盧拏播那天衆

가로나파나천중迦盧拏播那天衆

가루라迦樓羅

가루라중迦樓羅衆

가리제訶利帝

가리제呵利帝

가리제呵利帝

가리제대천후訶利帝大天后

가외노천可畏怒天

가외천부인可畏天夫人

가천歌天

가천歌天

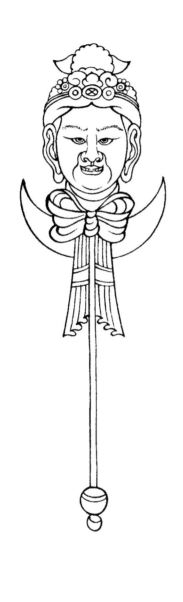

각라왕閻羅王
각라왕閻羅王

각라천자閣羅天子

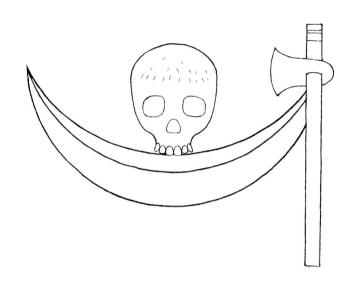

각라천후閣羅天后

건달바乾達婆

건달바乾達婆

건달바乾達婆

111

건달바乾達婆

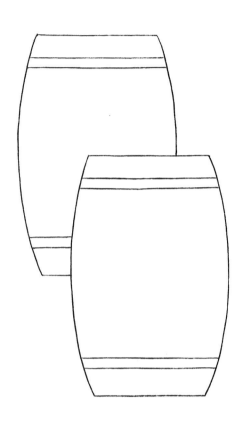

건달바녀乾達婆女

건달바왕乾達婆王

건달바왕乾達婆王

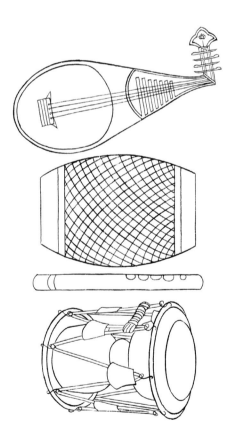

견뢰신堅牢神

견뢰지신堅牢地神

견뢰지신堅牢地神

견뢰지신堅牢地神

견뢰지신堅牢地神
견뢰지신인堅牢地神印

고천鼓天

공덕천功德天

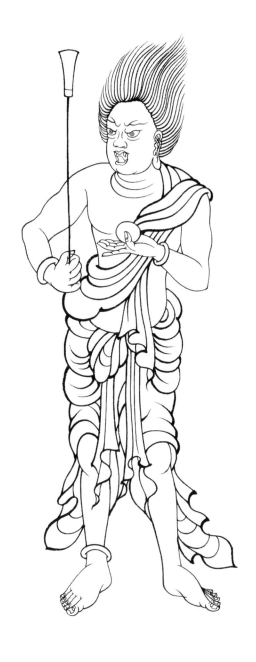

광목廣目

광목약차廣目藥叉

광목약차廣目藥叉

광목천廣目天

광목천廣目天, 증장천增長天

광목천비廣目天妃

광목천왕廣目天王

광음천光音天

구도비나야가拘刀毘那夜迦
구도비나야가拘刀毘那夜迦

구마라俱摩羅

구마라동자鳩摩羅童子

구마라사동자俱摩羅童子

구마라천俱摩羅天

구마라천鳩摩羅天

구마라천鳩摩羅天

구마라천鳩摩羅天

구마라천鳩摩羅天

구마라천鳩摩羅天

구마라천鳩摩羅天

구미라신俱尾羅神

구비라녀俱毘羅女

구비라천俱肥羅天

구천口天

권속천녀眷屬天女

귀자모鬼子母
귀자모천鬼子母天

금강동자金剛童子

금강동자金剛童子

금강동자金剛童子

금강동자金剛童子

금강동자金剛童子

금강동자金剛童子

금강동자金剛童子

금강동자金剛童子

137

금강동자金剛童子

금강면천 金剛面天

금강면천 金剛面天

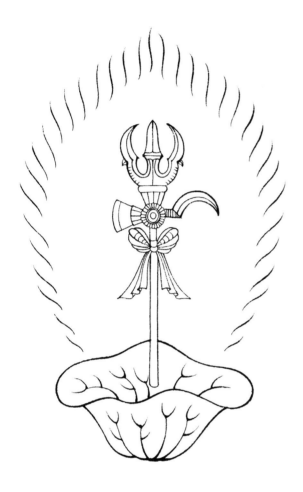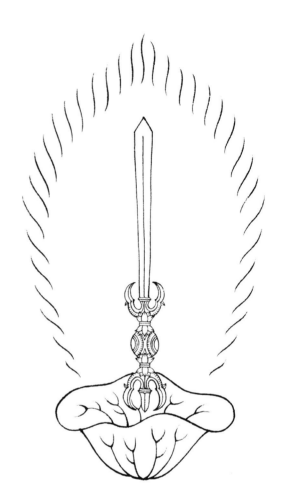

금강면천金剛面天

금강면천金剛面天

금강색천金剛色天

금강야차金剛夜叉

금강야차金剛夜叉

금강야차金剛夜叉

금강야차金剛夜叉

금강야차金剛夜叉(삼면육비상三面六臂像)

금강약차金剛藥叉

금강역사金剛力士
금강의천金剛依天

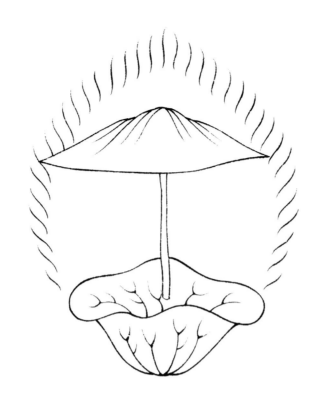

금강최천金剛摧天

금계신金鷄神

금색가나발저 金色迦那鉢底
금시조 金翅鳥

금시조왕金翅鳥王

금시조왕金翅鳥王

기수천器手天

기수천器手天

기수천후器手天后

기예천伎藝天

기예천녀 伎藝天女

긴나라 緊那羅

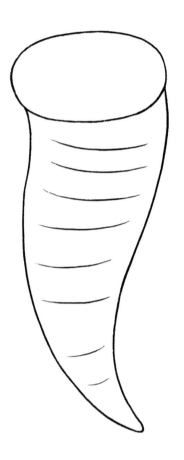

긴나라남緊那羅男
긴나라남緊那羅男

긴나라녀 緊那羅女
긴나라녀 緊那羅女

긴나라성緊那羅聖

긴나라중緊那羅衆

긴나라중緊那羅衆
긴나라천緊那羅天

길상천吉祥天

길상천녀吉祥天女

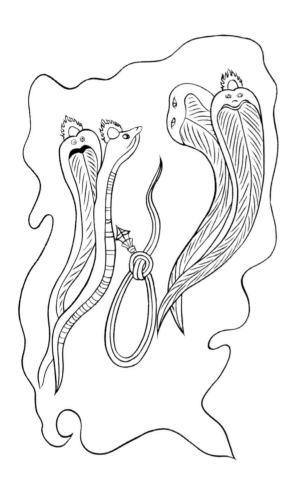

나가용남那加龍男

나라연那羅延

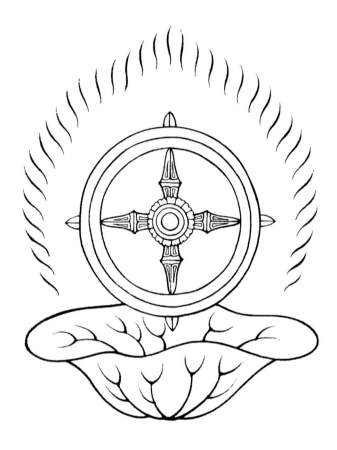

나라연_{那蘿延}

나라연_{那羅延}

나라연 那羅延

나라연시자 那羅延侍者

나라연천那羅延天

나라연천那羅延天

나라연천那羅延天
나라연천那羅延天

나라연천那羅延天

나라연천那羅延天

나라연천那羅延天
나라연천那羅延天

나라연천, 6시자那羅延天, 六使者

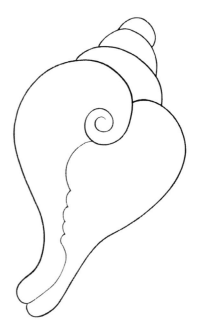

나라연천라那羅延天螺

나라연천라那羅延天螺

나라연천후那羅延天后

나라연천후那羅延天后
나라연천후那羅延天后

166

나리천羅利天

나찰羅刹

나찰신羅刹神

나찰왕, 2시자羅刹王, 二侍者

나찰주천羅刹主天

나찰주천, 2시자羅刹主天, 二侍者

나찰중羅利衆
나찰중羅利衆

171

나찰중이위羅刹衆二位
나찰중이위羅刹衆二位

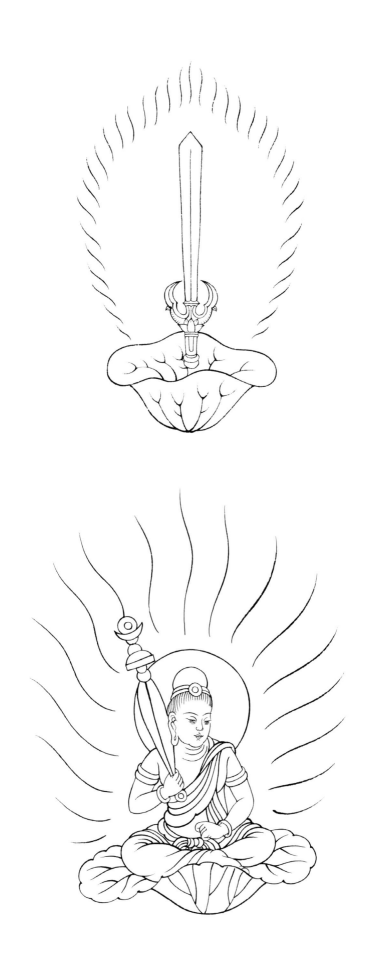

나찰천羅刹天
나찰천羅刹天

나찰천羅刹天

나찰후羅刹后

난타용왕難陀龍王

난타용왕難陀龍王

175

난타용왕難陀龍王

남방문칠성신南方門七星神

남방천南方天
남천男天

남천南天

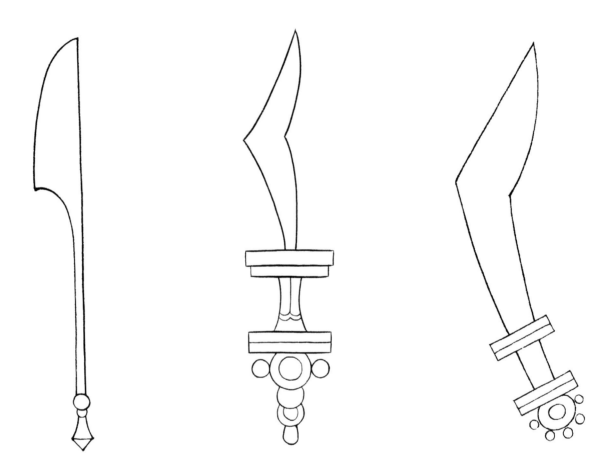

니리저泥履底

니리저천후泥履底天后

니리저천후泥履底天后

다문천多聞天

다문천多聞天

다문천多聞天, 지국천持國天

다문천多聞天

다문천多聞天

다문천多聞天

다문천多聞天

다문천多聞天(십비상十臂像, 사비상四臂像)

다문천多聞天(십비상十臂像, 사비상四臂像)

187

다문천多聞天(이비상二臂像)

다문천, 2시자多聞天, 二侍者

대광음천大光音天
대력신大力神

대범천大梵天

대범천왕, 2시자大梵天王, 二侍者

대변재천大辯才天

대자재大自在

대자재大自在

대자재大自在

대자재천大自在天

대자재천권속大自在天眷屬

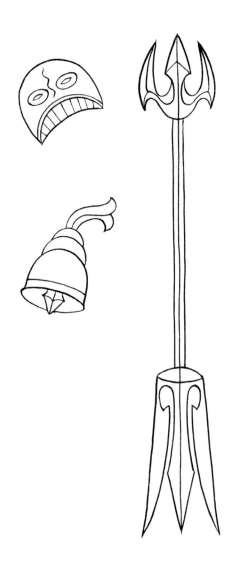
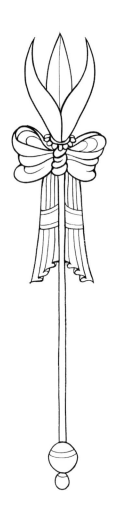

대자재천권속인大自在天眷屬印

대자재천인大自在天印

대자재천인大自在天印
대자재천자大自在天子

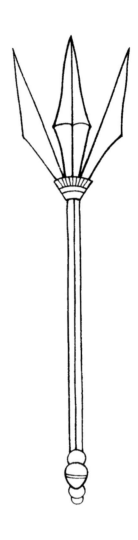

대자재천후大自在天后

대자재천후大自在天后

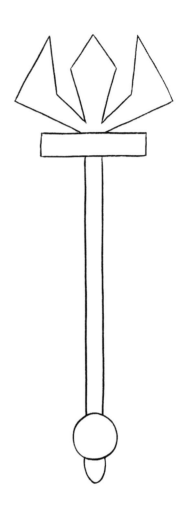

대자재천후大自在天后

대자재천후大自在天后

대호동방무포제외천, 시자大護東方無怖除畏天, 侍者

대흑천大黑天
대흑천신大黑天神

대흑천신大黑天神

도솔타천都率陀天

동남천童男天

동녀천童女天

동모허천瞳母嘘天

동방, 북방, 남방, 서방천왕東方提頭賴吒天王, 北方毘沙門天王, 南方毘他迦天王, 西方毘博叉天王

동방문칠성신東方門七星神

동방제두뢰타천왕東方提頭賴天王

동방제두뢰타천왕東方提頭賴天王

동방제두뢰타천왕東方提頭賴天王

동방천東方天
동북방나사천東北方那舍天

동북방이사나천 오마니천녀 난니목구이위 東北方伊舍那天 烏摩尼天女 難尼目龜二位

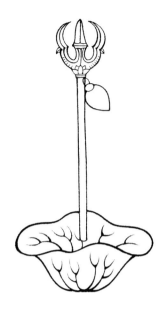

동북방이사나천東北方伊舍那天

동자경만다라전단건달바童子經曼茶羅栴檀乾達婆

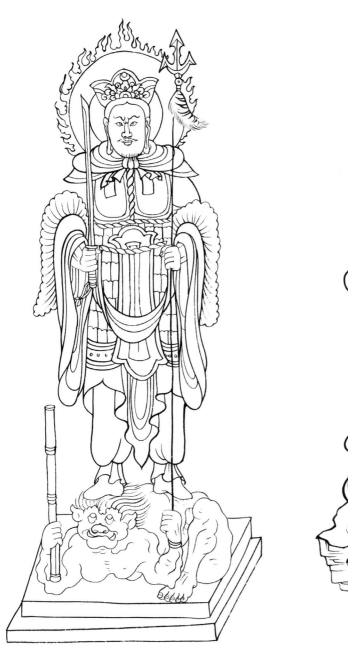

동천東天

동천東天

락변화천중삼위樂變化天衆三位

룽계설신楞鷄說神

룽계설신楞鷄說神

마가가라신 摩訶迦羅神

마니광신 외 2위 摩尼光神外二位

마니주계신摩尼珠髻神

마리지摩利支

마리지摩利支
마리지천摩利支天

마리지천摩利支天

마리지천摩利支天

마리지천, 2시자摩利支天, 二侍者

마제정나천摩帝挺拏天

마후라가/摩睺羅伽

마후라가/摩睺羅伽

마후라가중摩睺羅伽衆
마후라가중摩睺羅伽衆

명성천자明星天子

무녀천舞女天

무상천無想天, 공덕무변처천虛空無邊處天, 공처천空處天, 무량식처천無量識處天
무색계사공천無色界四空天

무천남無天男

미야야천尾惹野天

미음천美音天

미음천, 2시자美音天, 二侍者

미혜마나범천 未惠摩那梵天

박소지용왕縛蘇枳龍王

발절라후가라금강拔折囉吽迦羅金剛

범석사왕상梵釋四王像

범왕천梵王天

범작명왕凡雀明王

범천 梵天

범천 梵天

범천梵天

범천梵天

범천梵天

범천梵天

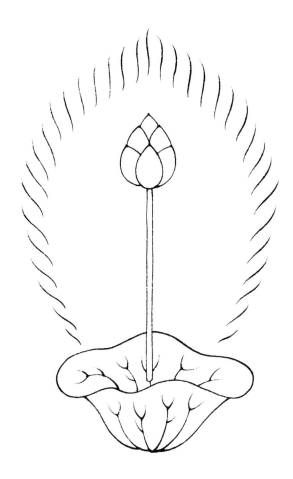

범천梵天

범천梵天

범천梵天, 색계色界, 권속인眷屬印

범천가지梵天加持

범천녀梵天女
범천후梵天后

범천후, 4시자梵天后, 四侍者

변재천辯才天
변재천辨才天

私加之

변재천辯才天

변재천辯才天

변재천辯才天

변재천辯才天

변재천辨才天

변재천녀, 2시자辯才天女, 二侍者

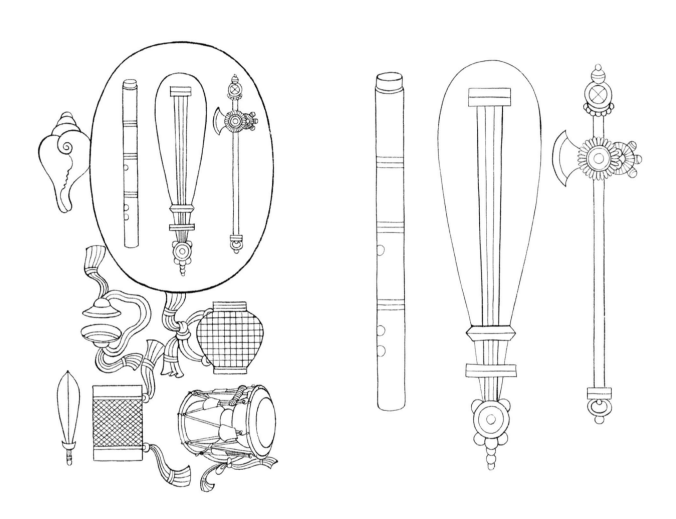

변재천, 권속辯才天, 眷屬

변재천, 권속인辨才天, 眷屬印

보장천녀寶藏天女

보장천녀寶藏天女

부나발타富那跋陀
북방문칠성신北方門七屋星神

북방비사문천北方毗沙門天

북방비사문천北方毗沙門天

북방천北方天
북천北天

245

북천北天

불타시라중佛陀施羅衆

비나야가毘那夜迦

비나야가毘那夜迦

비나야가毘那夜迦

비뉴녀毘紐女

비뉴정신왕毗紐頂神王

비뉴천毗紐天

비뉴천비毘紐天妃

비로타가천毘盧吒迦天

비루륵차천왕毗樓勒叉天王

비루륵차천왕상毗樓博叉天王像

비루박차천왕毗樓博叉天王

비사문毘沙門
비사문毘沙門

253

비사문毘沙門

비사문毘沙門

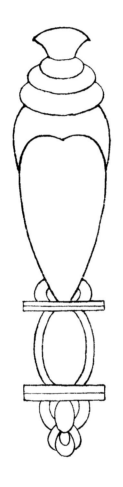

비사문왕毘沙門王

비사문천毗沙門天

비사문천毘沙門天

비사문천毘沙門天

비사문천毘沙門天
비사문천毘沙門天

비사문천毘沙門天

비사문천毘沙門天

비사문천毘沙門天
비사문천毘沙門天

비사문천毘沙門天

비사문천毘沙門天

비사문천권속오대야차毘沙門天眷屬五大夜叉

비사문천상毗沙門天像

비사문천상毗沙門天像

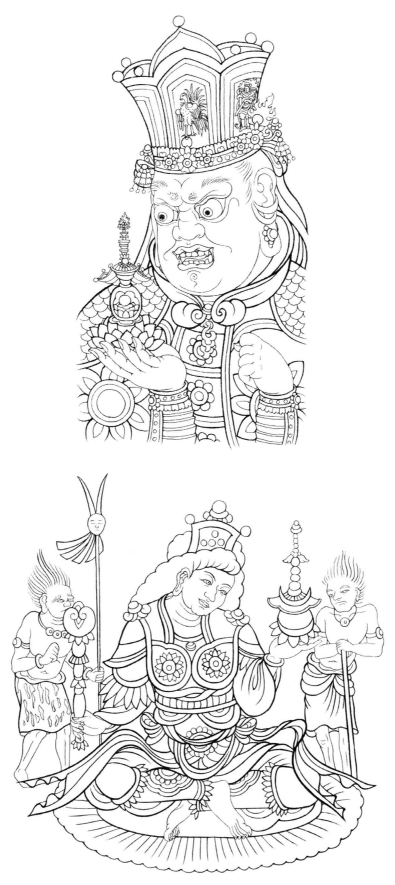

비사문천毘沙門天
비사문천왕毘沙門天王

비사문천왕毘沙門天王

비사문천중삼위毘沙門天衆三位

비사문천후毘沙門天后

비상천非想天

빈벽라기녀신賓碧羅器女神

빙가라氷迦羅

266

빙게라천氷揭羅天

빙게라천氷揭羅天

사방수천四方水天

사선천四禪天

사천왕四天王

사천왕四天王

사천왕四天王

산개비나야가 傘蓋毘那夜迦
산개비나야가 傘蓋毗那夜迦

산개비나야가傘蓋毘那夜迦

산개비나야가傘蓋毘那夜迦

산개비나야가傘蓋毘那夜迦

삼십삼천권속三十三天眷屬

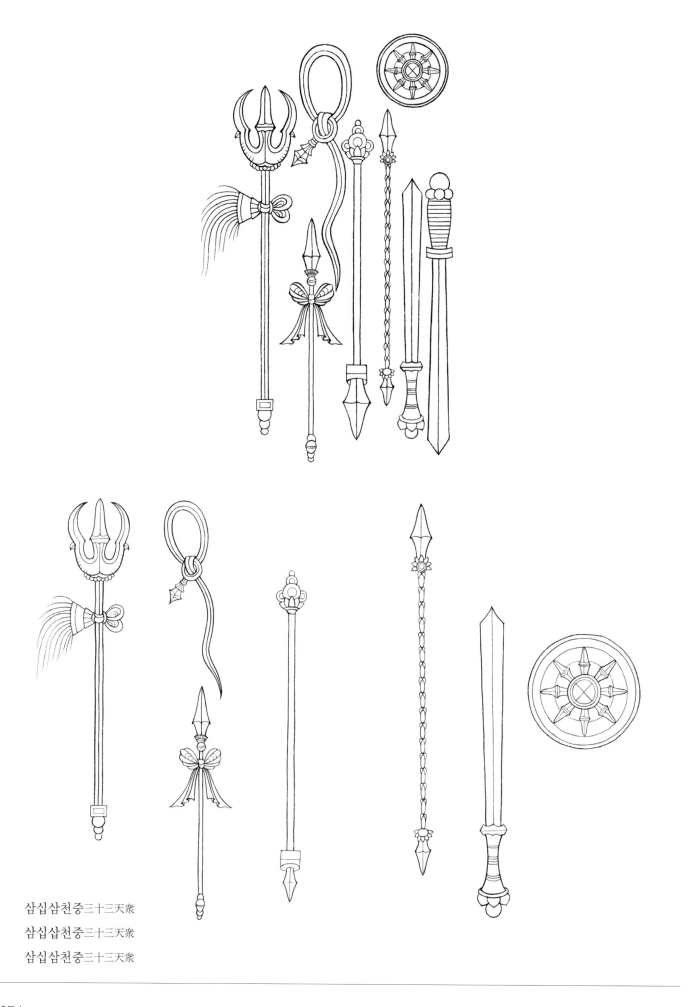

삼십삼천중삼위三十三天衆三位

275

상갈니신商羯尼神

상취천常醉天

상취천이위常醉天二位
상취천중이위常醉天衆二位

서남이리나찰왕西南爾履羅刹王

서방문칠성신西方門七星神

서방비루박차천왕西方毗樓博叉天王

서방천西方天

서천西天

서천西天

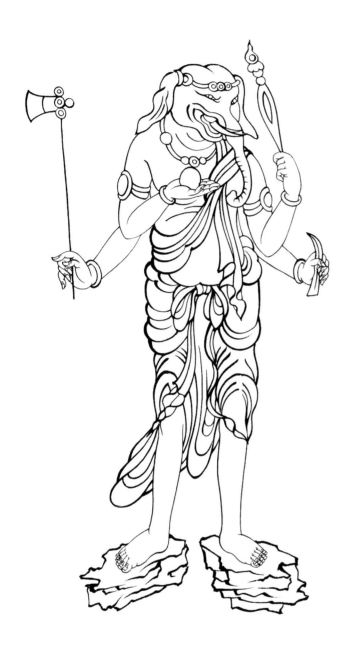

성천聖天

성천聖天

성천聖天
성천聖天

283

성취명선成就明仙

성취지명선중成就持明仙衆

소마나용왕蘇摩那龍王

수문천守門天

수문천守門天

수문천녀守門天女

수문천녀守門天女

수사비마대용왕袖沙毗摩大龍王

수신水神

수천水天

수천水天
수천水天

289

수천 水天

수천 水天

수천水天, 수천후水天后, 수천비권속水天妃眷屬

수천水天

수천水天

수천권속水天眷屬

수천, 4시자水天, 四侍者

수천, 수천부이위 水天, 水天婦二位

수천, 2시자 水天, 二侍者

295

수천비 水天妃

승신이약차 僧愼爾藥叉

승신이약차僧愼爾藥叉

심사신深沙神

심사신深沙神

298

심사신왕深沙神王
십육선신十六善神

십육선신十六善神

십육선신十六善神

십육선신十六善神

십육선신十六善神

301

십육선신十六善神

십육선신十六善神

십육선신十六善神
십육선신十六善神

십육선신十六善神

십육선신十六善神

십육선신十六善神

십육선신十六善神

305

십육선신十六善神

십육선신十六善神

쌍신환희천雙身歡喜天

아수라왕중阿修羅王衆

아수라중阿修羅衆

아수라중阿修羅衆

아저리선阿底哩仙

아질리선阿跌哩仙

아타박구약차阿縛俱藥叉

야마천夜摩天

야마천중삼위夜摩天衆三位

야야천惹野天

야야천惹野天

야차중夜叉衆
약차지명중藥叉持明衆

약측사니藥厠師抳

양우리蘘虞利

여천女天

열리제왕涅哩帝王

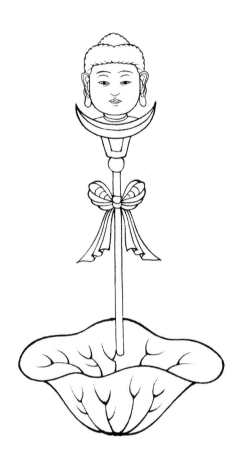

염마琰摩

염마라왕閻摩羅王

염마법왕焰魔法王

염마법왕후焰魔法王后

염마옥판관焰魔獄判官

염마천焰摩天

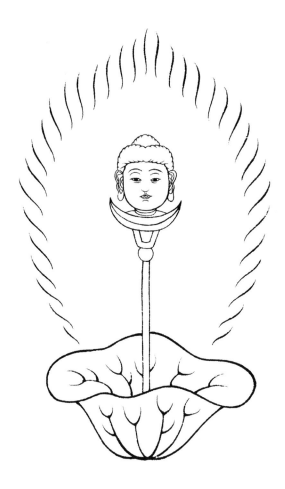

염마천炎摩天

염마천炎魔天

염마천琰摩天

염마천焰摩天

염마천焰摩天

염마천琰摩天

염마천琰摩天

염마천焰摩天

염마천, 5권속焰摩天, 五眷屬

염마천, 5시자焰摩天, 五侍者

염마천만다라焰摩天曼茶羅

염마후焰摩后

염마후2시자焰摩后二侍者

327

염마후4시자焰摩后四侍者

예라박차醴羅縛差

예라박차대천후醴羅縛差大天后

329

오방만다라(남방)五方曼茶羅(南方)

오방만다라(남방)五方曼茶羅(南方)

오방만다라(남방)五方曼茶羅(南方)

오방만다라(동방)五方曼茶羅(東方)

오방만다라(동방)五方曼荼羅(東方)

오방만다라(동방)五方曼荼羅(東方)

오방만다라(북방)五方曼茶羅(北方)

오방만다라(북방)五方曼茶羅(北方)

337

오방만다라(서방)五方曼茶羅(西方)

오방만다라(서방)五方曼茶羅(西方)

339

오방만다라(서방)五方曼茶羅(西方)

오방만다라(중방)五方曼茶羅(中方)

341

오방만다라(중방)五方曼茶羅(中方)

오방제존(남방)五方諸尊(南方)

오방제존(동방)五方諸尊(東方)

오방제존(북방)五方諸尊(北方)

오방제존(서방)五方諸尊(西方)

오방제존(중방)五方諸尊(中方)

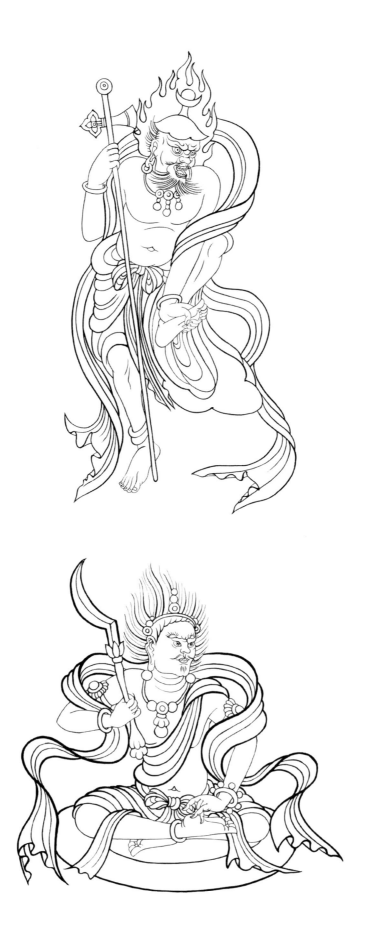

오추사마烏芻沙摩
오타계시신烏陀計施神

오파난타烏波難陀

오파난타烏波難陀, 대면난파對面難破, 지신地神

오파용왕烏波龍王

용왕龍王

우파난타용왕優波難陀龍王

우파용왕優波龍王

월애천녀月愛天女

월애천자月愛天子

월천月天
월천月天
월천月天

353

353

월천月天

월천月天

354

월천月天

월천, 시자月天, 侍者

월천月天

월천비月天妃

월천자月天子

월천자月天子

육자천왕六字天王

육자천왕六字天王

이가외노천二可畏怒天

이긴나라천二緊那羅天

이동자천二童子天

이두애염二頭愛染

이사나비伊舍那妃
이사나천伊舍羅天

363

이사나천伊舍那天

이사나천伊舍那天

이사나천伊舍那天
이사나천伊舍那天

일계나찰—髻羅刹

일계나찰신—髻羅刹神

일계나찰천一髻羅刹天

일천日天

일천日天

일천日天

일천日天
일천日天

일천日天
일천日天

일천日天

일천권속日天眷屬

일천자日天子

일천자日天子

일천자日天子

일천자, 4시자日天子, 四侍者

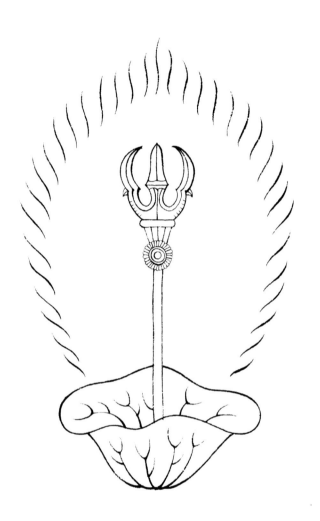

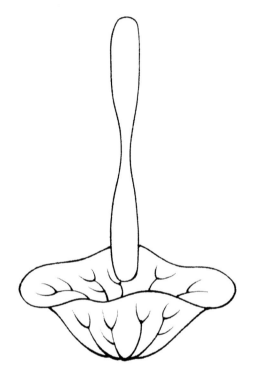

자재천自在天

자재천自在天

자재천왕, 4시자自在天王, 四侍者

작갈라니니신斫羯羅泥尼神

작갈라불니신斫羯羅岐尼神

장수천長壽天

전계신電契神

정거천중삼위淨居天衆三位

제두뢰타천왕提頭賴吒天王

제사선색구경천중삼위第四禪色究竟天衆三位

제석帝釋

제석帝釋

제석帝釋

제석帝釋

제석帝釋
제석帝釋

제석帝釋

제석帝釋

제석帝釋

제석帝釋

제석帝釋

제석묘관신帝釋妙觀神

제석비帝釋妃, 마타흑천자摩他黑天子, 제석帝釋, 수樹, 지명선인持明仙人, 2시자二侍者

제석천帝釋天

제석천帝釋天
제석천帝釋天

제석천帝釋天

제석천帝釋天

제석천, 5시자帝釋天, 五侍者

제천관정諸天灌頂

제천주諸天主

존명미상제천尊名未詳諸天

증장천增長天

증장천왕增長天王

지국천持國天

지국천持國天

지국천왕持國天王

지만천持鬘天

지만천중持鬘天衆

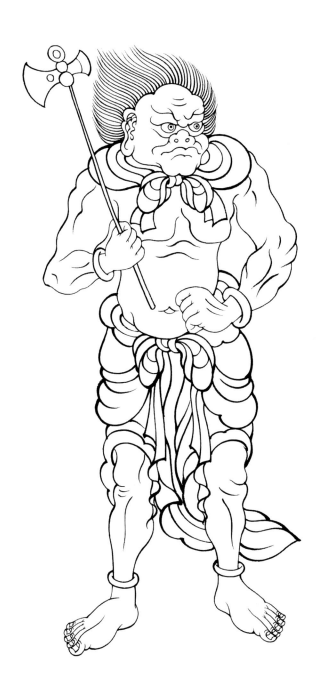

지명천후持明天后

지봉천持棒天

지신地神
지연화천持蓮花天

지천地天

지천地天

지천地天
지천地天

지천, 2시자地天, 二侍者

지천, 4시자地天, 四侍者

지화만천중이위持花鬘天衆二位

지화자재천중地化自在天衆

차문다遮文茶

차문다遮文茶

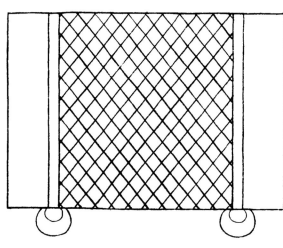

차문다遮文茶

차문다천후遮文茶天后

차문타천遮文吒天

척목천후隻目天后

천수안미차부도千手眼未此浮圖

천제석天帝釋

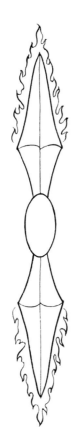 

천제석天帝釋

천제후天帝后

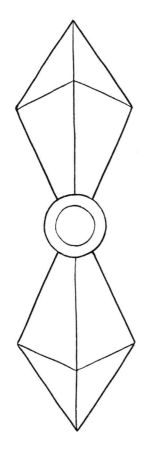

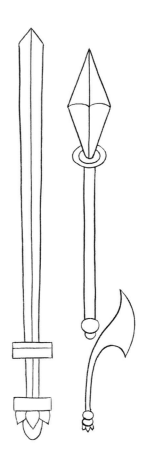

천제후天帝后

천후天后

초선범천, 2시자初禪梵天, 二侍者

타화자재천중삼위他化自在天衆三位

태백太白

태백太白

태백천太白天

태백천太白天

태백천太白天

포궁전비나야가抱弓箭毘那夜迦

포궁전비나야가抱弓箭毘那夜迦

포궁전비나야가抱弓箭毘那夜迦

포궁전비나야가抱弓箭毘那夜迦
포도비나야가抱刀毘那夜迦

포도비나야가抱刀毘那夜迦

포마라천抱摩羅天

풍신風神, 지신地神

풍신風神

풍천風天

풍천風天
풍천風天

풍천風天

풍천風天

풍천風天
풍천風天

풍천風天

풍천風天

풍천비 風天妃
풍천비권속 風天妃眷屬

풍천왕, 4시동자風天王, 四侍童子

풍천왕, 4시자風天王, 四侍者

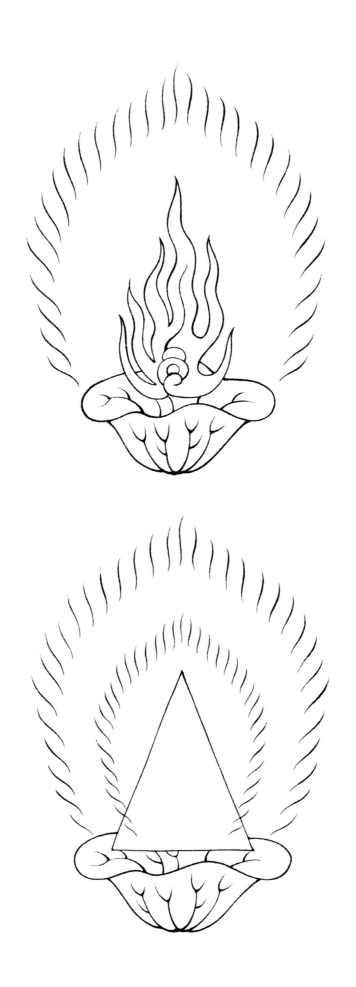

형혹熒惑
형혹熒惑

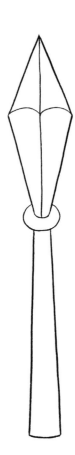

형혹燚惑

형혹燚惑

형혹천焚惑天
형혹천焚惑天

형혹천熒惑天

형혹천熒惑天

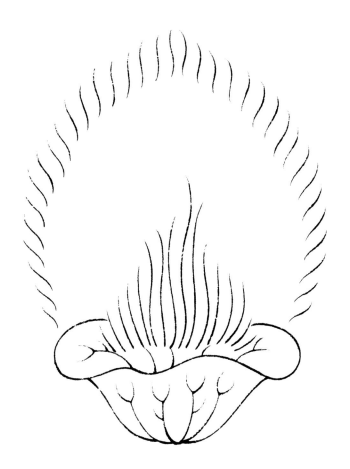
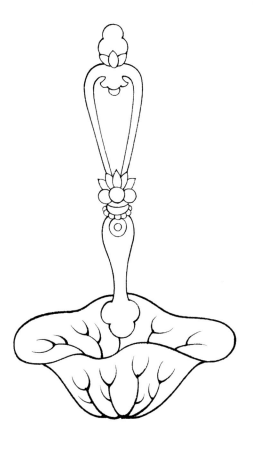

형혹천焚惑天

혜성彗星

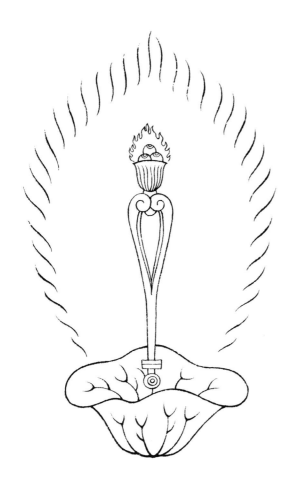

혜성천彗星天

호천護天

화두금강만다라火頭金剛曼茶羅

화만비나야가천華鬘毘那夜迦天

화만비나야가華鬘毘那夜迦

화만비나야가華鬘毘那夜迦

화신火神, 수신水神

화천火天

화천火天

화천火天

화천火天

화천火天

화천火天

화천火天
화천火天

화천火天

화천火天

화천火天

화천火天
화천火天

화천火天

화천火天

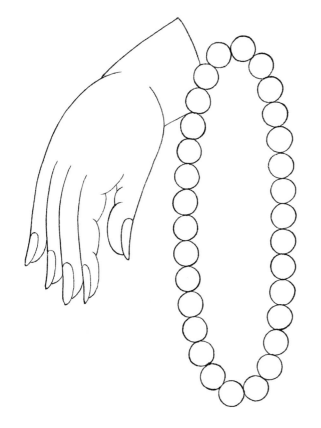

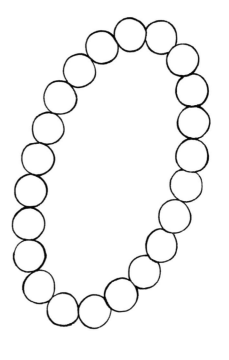

화천火天
화천火天

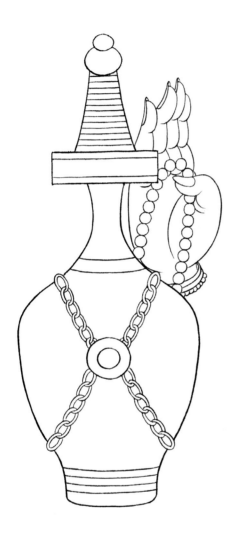

화천남火天男

화천녀火天女

화천2시자, 사자궁火天二侍者, 師子宮

화천후火天后

화천후火天后

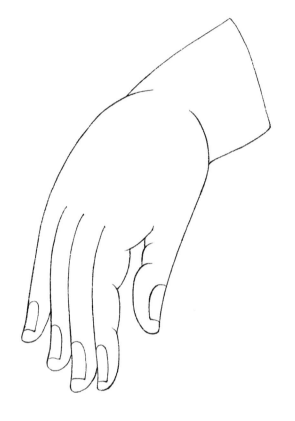
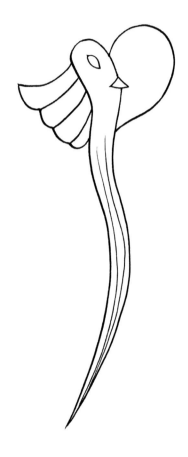

445

환희천歡喜天

환희천歡喜天

환희천歡喜天
환희천歡喜天

환희천歡喜天

환희천歡喜天

화천, 화천후火天, 火天后

흑야천신黑夜天神

희면천 喜面天

明王

天神

453

455

456

● 한국밀교문화총서 1 - 한국의 육자진언

● 한국밀교문화총서 2 - 한국의 입체만다라

● 한국밀교문화총서 3 - 한국의 전승진언

● 한국밀교문화총서 4 - 한역대장경 밀교부 경전 해제(고려대장경內)

● 한국밀교문화총서 5 - 한역대장경 밀교부 경전 해제(고려대장경外)

● 한국밀교문화총서 6 - 한국의 밀교관련 경전 문헌 총목록

● 한국밀교문화총서 7 - 일본의 밀교관련 논문 저서 총목록

● 한국밀교문화총서 8 - 밀교학연구

● 한국밀교문화총서 9 - 진언집성사전

● 한국밀교문화총서 10 - 한국 비로자나불 연구 (불상)

● 한국밀교문화총서 11 - 한국 비로자나불 연구 (벽화, 불화)

● 한국밀교문화총서 12 - 한국고대밀교사

● 한국밀교문화총서 13 - 한국중세밀교사

● 한국밀교문화총서 14 - 망월사본 진언집 연구

● 한국밀교문화총서 15 - 밀교의식의 전통과 전개 양상

● 한국밀교문화총서 16 - 금강계만다라 도전

● 한국밀교문화총서 17 - 밀교예술과 도상(티베트편)

● 한국밀교문화총서 18 - 한국근세밀교사

● 한국밀교문화총서 19 - 한국현대밀교사

● 한국밀교문화총서 20 - 한국현대밀교 교단연구

● 한국밀교문화총서 21 - 한국현대밀교 인물평전

● 한국밀교문화총서 22 - 진각밀교의 교리와 신행 上권

● 한국밀교문화총서 23 - 진각밀교의 교리와 신행 下권

● 한국밀교문화총서 24 - 한국밀교문헌자료총록 上권

● 한국밀교문화총서 25 - 한국밀교문헌자료총록 下권

● 한국밀교문화총서 26 - 밀교도상 연구 Ⅰ (佛과 菩薩)

● 한국밀교문화총서 27 - 밀교도상 연구 Ⅱ (明王과 天神)

● 한국밀교문화총서 28 - 금강계만다라삼십칠존

● 한국밀교문화총서 29 - 밀교의 진호국가와 문두루법

한국밀교문화총서

사업단장	: 김봉갑 (회성: 진각종 통리원장)
진언문화 연구분과장	: 한진희 (법경 : 진각종 교법연구실장)
진언문화 연구분과원	: 허일범 (귀정 : 진각대학원 교수)
한국밀교문화총람사업단 자문위원	: 김무생 (경정 : 전 위덕대학교 불교학과 교수)
	권영택 (덕일 : 전 위덕대학교 불교학과 교수)
	서윤길 (동국대학교 명예교수)
	전동혁 (종석스님 : 전 중앙승가대학교 교수)

한국밀교문화총서 ❷❼

밀교도상 연구 II (明王과 天神)

1판 1쇄 2019년 12월 20일 펴냄

펴낸이 | 대한불교진각종 밀교문화총람사업단
지은이 | 허일범
펴낸곳 | 도서출판진각종해인행
　　　　출판신고번호 제307-2001-000026호
　　　　서울특별시 성북구 화랑로13길 17
　　　　대표전화 02-913-0751

copyright ⓒ 대한불교진각종 밀교문화총람사업단
ISBN 978-89-89228-61-5 94220
　　　978-89-89228-39-4 (세트)

값 70,000

*이 책은 문화체육관광부 지원으로 제작되었습니다.